FABLES DE LAFONTAINE

N°1.

PELLERIN & C.ie
A EPINAL
P. V. Déposé.

FABLES DE LA FONTAINE.

LE LABOUREUR ET SES ENFANTS.

Travaillez, prenez de la peine :
C'est le fonds qui manque le moins.

Un riche Laboureur, sentant sa mort prochaine,
Fit venir ses enfants, leur parla sans témoins.
« Gardez-vous, leur dit-il, de vendre l'héritage
    Que nous ont laissé nos parents :
    Un trésor est caché dedans.
Je ne sais pas l'endroit ; mais un peu de courage
Vous le fera trouver : vous en viendrez à bout.
Remuez votre champ dès qu'on aura fait l'août :
Creusez, fouillez, bêchez ; ne laissez nulle place
    Où la main ne passe ou ne repasse. »
Le père mort, les fils vous retournent le champ,
Deçà, delà, partout ; si bien qu'au bout de l'an
    Il en rapporta davantage.
D'argent, point de caché. Mais le père fut sage
    De leur montrer, avant sa mort,
    Que le travail est un trésor.

FABLES DE LA FONTAINE.

L'OURS ET L'AMATEUR DES JARDINS.

FABLES DE LA FONTAINE.

L'OURS ET L'AMATEUR DES JARDINS.

Certain Ours montagnard, Ours à demi léché,
Confiné par le sort dans un bois solitaire,
Nouveau Bellérophon, vivait seul et caché,
Il fût devenu fou : la raison d'ordinaire
N'habite pas longtemps chez les gens séquestrés.
Il est bon de parler, et meilleur de se taire ;
Mais tous deux sont mauvais alors qu'ils sont outrés.
  Nul animal n'avait affaire
  Dans les lieux que l'Ours habitait ;
  Si bien que, tout Ours qu'il était,
Il vint à s'ennuyer de cette triste vie.
Pendant qu'il se livrait à la mélancolie,
  Non loin de là certain Vieillard
  S'ennuyait aussi de sa part.
Il aimait les jardins, était prêtre de Flore,
  Il l'était de Pomone encore.
Ces deux emplois sont beaux ; mais je voudrais parmi
  Quelque doux et discret ami.
Les jardins parlent peu, si ce n'est dans mon livre ;
  De façon que, lassé de vivre
Avec des gens muets, notre homme, un beau matin,
Va chercher compagnie, et se met en campagne.
  L'Ours, porté d'un même dessein,
  Venait de quitter sa montagne.
  Tous deux, par un cas surprenant,
  Se rencontrent en un tournant.
[L'ho]mme eut peur : mais comment esquiver ? et que faire ?
[Se ti]rer en gascon d'une semblable affaire
[Est] le mieux : il sut donc dissimuler sa peur.

L'Ours, très-mauvais complimenteur,
Lui dit : « Viens-t'en me voir. » L'autre reprit : « Seigneur,
Vous voyez mon logis ; si vous me vouliez faire
Tant d'honneur que d'y prendre un champêtre repas,
J'ai des fruits, j'ai du lait, ce n'est peut-être pas
De nosseigneurs les Ours le manger ordinaire ;
Mais j'offre ce que j'ai. » L'Ours l'accepte, et d'aller.
Les voilà bons amis avant que d'arriver :
Arrivés, les voilà se trouvant bien ensemble ;
  Et bien qu'on soit, à ce qu'il semble,
  Beaucoup mieux seul qu'avec des sots,
Comme l'Ours en un jour ne disait pas deux mots,
L'Homme pouvait sans bruit vaquer à son ouvrage.
L'Ours allait à la chasse, apportait du gibier ;
  Faisait son principal métier
D'être bon émoucheur ; écartait du visage
  De son ami dormant ce parasite ailé
  Que nous avons mouche appelé.
Un jour que le Vieillard dormait d'un profond sommeil,
Sur le bout de son nez une allant se placer
Mit l'Ours au désespoir ; il eut beau la chasser.
« Je t'attraperai bien, dit-il ; et voici comme. »
Aussitôt fait que dit : le fidèle émoucheur
Vous empoigne un pavé, le lance avec roideur,
Casse la tête à l'Homme en écrasant la mouche ;
Et, non moins bon archer que mauvais raisonneur,
Roide mort étendu sur la place il le couche.
Rien n'est si dangereux qu'un ignorant ami ;
  Mieux vaudrait un sage ennemi.

FABLES DE LA FONTAINE.

LE LOUP ET LE CHIEN.

FABLES DE LA FONTAINE.

LE LOUP ET LE CHIEN.

Un Loup n'avait que les os et la peau,
 Tant les Chiens faisaient bonne garde :
Ce Loup rencontre un Dogue aussi puissant que beau,
Gras, poli, qui s'était fourvoyé par mégarde.
  L'attaquer, le mettre en quartiers,
  Sire Loup l'eût fait volontiers :
  Mais il fallait livrer bataille;
  Et le mâtin était de taille
  A se défendre hardiment.
  Le Loup donc l'aborde humblement,
 Entre en propos, et lui fait compliment
  Sur son embompoint, qu'il admire.
  « Il ne tiendra qu'à vous, beau sire,
D'être aussi gras que moi, lui repartit le Chien.
  Quittez les bois, vous ferez bien :
  Vos pareils y sont misérables,
  Cancres, hères, et pauvres diables,
Dont la condition est de mourir de faim.
Car, quoi! rien d'assuré! point de franche lippée;
  Tout à la pointe de l'épée!
Suivez-moi, vous aurez un bien meilleur destin. »
 Le Loup reprit : « Que me faudra-t-il faire?
— Presque rien, dit le Chien : donner la chasse aux gens
  Portant bâtons et mendiants ;
Flatter ceux du logis, à son maître complaire,
  Moyennant quoi votre salaire
Sera force reliefs de toutes les façons,

FABLES DE LA FONTAINE.

LA CIGALE ET LA FOURMI.

Suite de la fable le Loup et le Chien.

Os de poulets, os de pigeons ;
Sans parler de mainte caresse. »
Le Loup déjà se forge une félicité
Qui le fait pleurer de tendresse.
Chemin faisant, il vit le cou du Chien pelé.
« Qu'est-ce là ? lui dit-il. — Rien. — Quoi ! rien ! — Peu de chose.
— Mais encor ? — Le collier dont je suis attaché
De ce que vous voyez est peut-être la cause.
— Attaché ! dit Loup : vous ne courez donc pas
Où vous voulez ? — Pas toujours ; mais qu'importe ?
— Il importe si bien, que de tous vos repas
Je ne veux en aucune sorte,
Et ne voudrais pas même à ce prix un trésor. »
Cela dit, maître Loup s'enfuit, et court encor.

LA CIGALE ET LA FOURMI.

La Cigale, ayant chanté
    Tout l'été,
Se trouva fort dépourvue
Quand la bise fut venue :
Pas un seul petit morceau
De mouche ou de vermisseau.
Elle alla crier famine
Chez la Fourmi sa voisine,
La priant de lui prêter
Quelque grain pour subsister
Jusqu'à la saison nouvelle.

« Je vous paierai, lui dit-elle,
Avant l'août, foi d'animal,
Intérêt et principal. »
La Fourmi n'est pas prêteuse,
C'est là son moindre défaut.
« Que faisiez-vous au temps chaud ?
Dit-elle à cette emprunteuse.
— Nuit et jour à tout venant
Je chantais, ne vous déplaise.
— Vous chantiez ? j'en suis fort aise.
Eh bien ! dansez maintenant. »

LE LIÈVRE ET LES GRENOUILLES.

Un Lièvre en son gîte songeait,
(Car que faire en un gîte, à moins que l'on ne songe ?)
Dans un profond ennui ce Lièvre se plongeait :
Cet animal est triste, et la crainte le ronge.
 « Les gens de naturel peureux
 Sont, disait-il, bien malheureux !
Ils ne sauraient manger morceau qui leur profite ;
Jamais un plaisir pur ; toujours assauts divers.
Voilà comme je vis ; cette crainte maudite
M'empêche de dormir sinon les yeux ouverts.
— Corrigez-vous, dira quelque sage cervelle.
 — Eh ! la peur se corrige-t-elle ?
 Je crois même qu'en bonne foi
 Les hommes ont peur comme moi. »
 Ainsi raisonnait notre Lièvre,
 Et cependant faisait le guet.
 Il était douteux, inquiet :
Un souffle, une ombre, un rien, tout lui donnait la fièvre.
 Le mélancolique animal,
 En rêvant à cette matière,
Entend un léger bruit : ce lui fut un signal
 Pour s'enfuir devers sa tanière.
Il s'en alla passer sur le bord d'un étang :
Grenouilles aussitôt de sauter dans les ondes ;
Grenouilles de rentrer en leurs grottes profondes.
 « Oh ! dit-il, j'en fais faire autant
 Qu'on m'en fait faire ! Ma présence
Effraye aussi les gens ! je mets l'alarme au camp
 Et d'où me vient cette vaillance ?
Comment ! des animaux qui tremblent devant moi !
 Je suis donc un foudre de guerre !
Il n'est, je le vois bien, si poltron sur la terre,
Qui ne puisse trouver un plus poltron que soi. »

FABLES DE LA FONTAINE.

LE LIÈVRE ET LES GRENOUILLES.

FABLES DE LA FONTAINE.

LES DEUX PIGEONS.

LES DEUX PIGEONS.

Deux Pigeons s'aimaient d'amour tendre :
L'un d'eux, s'ennuyant au logis,
Fut assez fou pour entreprendre
Un voyage en lointain pays.
L'autre lui dit : « Qu'allez-vous faire ?
Voulez-vous quitter votre frère ?
L'absence est le plus grand des maux,
Non pas pour vous, cruel ! Au moins, que les travaux,
Les dangers, les soins du voyage,
Changent un peu votre courage,
Encor, si la saison s'avançait davantage !
Attendez les zéphyrs ; qui vous presse ? un corbeau
Tout à l'heure annonçait malheur à quelque oiseau.
Je ne songerai plus que rencontre funeste,
Que faucons, que réseaux. Hélas ! dirai-je, il pleut :
Mon frère a-t-il tout ce qu'il veut,
Bon souper, bon gite, et le reste ? »
Ce discours ébranla le cœur
De notre imprudent voyageur ;
Mais le désir de voir et l'humeur inquiète
L'emportèrent enfin. Il dit : « Ne pleurez point ;
Trois jours au plus rendront mon âme satisfaite ;
Je reviendrai dans peu conter de point en point
Mes aventures à mon frère ;
Je le désennuierai. Quiconque ne voit guère
N'a guère à dire aussi. Mon voyage dépeint
Vous sera d'un plaisir extrême,
Je dirai : J'étais là ; telle chose m'advint :
Vous y croirez être vous-même. »
A ces mots, en pleurant, ils se dirent adieu.
Le voyageur s'éloigne. Et voilà qu'un nuage
L'oblige de chercher retraite en quelque lieu.
Un seul arbre s'offrit, tel encor que l'orage
Maltraita le Pigeon en dépit du feuillage.
L'air devenu serein, il part tout morfondu,
Sèche du mieux qu'il peut son corps chargé de pluie :
Dans un champ à l'écart voit du blé répandu,
Voit un pigeon auprès ; cela lui donne envie,
Il y vole, il est pris : ce blé couvrait d'un lacs
Les menteurs et traîtres appâts.
Le lacs était usé ; si bien que, de son aile,
De ses pieds, de son bec, l'oiseau le rompt enfin :

Quelque plume y périt, et le pis du destin
Fut qu'un certain vautour, à la serre cruelle,
Vit notre malheureux, qui, traînant la ficelle
Et les morceaux du lacs qui l'avait attrapé,
    Semblait un forçat échappé.
Le vautour s'en allait le lier, quand des nues
Fond à son tour un aigle aux ailes étendues.
Le Pigeon profita du conflit des voleurs,
S'envola, s'abattit auprès d'une masure,
    Crut pour ce coup que ses malheurs
    Finiraient par cette aventure ;
Mais un fripon d'enfant (cet âge est sans pitié)
Prit sa fronde, et du coup tua plus d'à moitié
    La volatile malheureuse,
    Qui, maudissant sa curiosité,
    Traînant l'aile, et tirant le pied,
    Demi-morte, et demi-boiteuse,
    Droit au logis s'en retourna.
    Que bien, que mal, elle arriva
    Sans autre aventure fâcheuse.
Voilà nos gens rejoints ; et je laisse à juger
De combien de plaisirs ils payèrent leurs peines.

Amants, heureux amants, voulez-vous voyager ?
    Que ce soit aux rives prochaines.
Soyez-vous l'un à l'autre un monde toujours beau,
    Toujours divers, toujours nouveau ;
Tenez-vous lieu de tout, comptez pour rien le reste.
J'ai quelquefois aimé : je n'aurais pas alors,
    Contre le Louvre et ses trésors,
    Contre le firmament et sa voûte céleste
    Changé les bois, changé les lieux
Honorés par les pas, éclairés par les yeux
    De l'aimable et jeune bergère
    Pour qui, sous le fils de Cythère,
Je servis, engagé par mes premiers serments.
Hélas quand reviendront de semblables moments !
Faut-il que tant d'objets si doux et si charmants
Me laissent vivre au gré de mon âme inquiète !
Ah ! si mon cœur osait encor se renflammer !
Ne sentirai-je plus de charme qui m'arrête ?
    Ai-je passé le temps d'aimer ?

FABLES DE LA FONTAINE.

LE RENARD ET LE BOUC.

LE RENARD ET LE BOUC.

Capitaine Renard allait de compagnie
Avec son ami Bouc des plus hauts encornés.
Celui-ci ne voyait pas plus loin que son nez;
L'autre était passé maître en fait de tromperie.
La soif les obligea de descendre en un puits :
    Là, chacun d'eux se désaltère.
Après qu'abondamment tous deux en eurent pris,
Le Renard dit au Bouc : « Que ferons-nous, compère ?
Ce n'est pas tout de boire, il faut sortir d'ici.
Lève tes pieds en haut, et tes cornes aussi;
Mets-les contre le mur : le long de ton échine
    Je grimperai premièrement;
    Puis sur tes cornes m'élevant,
    A l'aide de cette machine,
    De ce lieu-ci je sortirai,
    Après quoi je t'en tirerai.
« — Par ma barbe, dit l'autre, il est bon; et je loue
    Les gens bien sensés comme toi.
    Je n'aurais jamais, quant à moi,
    Trouvé ce secret, je l'avoue »
Le Renard sort du puits, laisse son compagnon,
    Et vous lui fait un beau sermon
    Pour l'exhorter à la patience.
« Si le ciel t'eût, dit-il, donné par excellence
Autant de jugement que de barbe au menton,
    Tu n'aurais pas, à la légère,
Descendu dans ce puits. Or, adieu; j'en suis hors;
Tâche de t'en tirer et fais tous les efforts;
    Car, pour moi, j'ai certaine affaire
Qui ne me permet pas d'arrêter en chemin. »

En toute chose il faut considérer la fin.

FABLES DE LA FONTAINE.

LE SINGE ET LE CHAT.

Bertrand avec Raton, l'un Singe et l'autre Chat,
Commensaux d'un logis, avaient un commun maître.
D'animaux malfaisants c'était un très bon plat :
Ils n'y craignaient tous deux aucun, quel qu'il put être.
Trouvait-on quelque chose au logis de gâté,
L'on ne s'en prenait point aux gens du voisinage ;
Bertrand dérobait tout ; Raton, de son côté,
Etait moins attentif aux souris qu'au fromage.
Un jour, au coin du feu, nos deux maîtres fripons
    Regardaient rôtir des marrons.
Les escroquer était une très-bonne affaire :
Nos galants y voyaient double profit à faire ;
Leur bien premièrement, et puis le mal d'autrui.
Bertrand dit à Raton : « Frère, il faut aujourd'hui
    Que tu fasses un coup de maître ;
Tire-moi ces marrons. Si Dieu m'avait fait naître
    Propre à tirer marrons du feu,
    Certes marrons verraient beau jeu. »
Aussitôt fait que dit : Raton, avec sa patte,
    D'une manière délicate,
Ecarte un peu la cendre, et retire les doigts ;
    Puis les reporte à plusieurs fois ;
Tire un marron, puis deux, et puis trois en escroque
    Et cependant Bertrand les croque.
Une servante vient : adieu mes gens, Raton
    N'était pas content, ce dit-on.

Ainsi ne le sont pas la plupart de ces princes
    Qui, flattés d'un pareil emploi,
    Vont s'échauder en des provinces
    Pour le profit de quelque roi.

FABLES DE LA FONTAINE.

LE SINGE ET LE CHAT.

FABLES DE LA FONTAINE.

LA LICE ET SA COMPAGNE.

Une Lice étant sur son terme,
Et ne sachant où mettre un fardeau si pressant,
Fait si bien qu'à la fin sa compagne consent
De lui prêter sa hutte, où la Lice s'enferme.
Au bout de quelque temps sa compagne revient.
La Lice lui demande encore une quinzaine;
Ses petits ne marchaient, disait-elle, qu'à peine.
 Pour faire court, elle l'obtient.
Ce second terme échu, l'autre lui redemande
 Sa maison, sa chambre, son lit.
La Lice cette fois montre les dents, et dit :
« Je suis prête à sortir avec toute ma bande
 Si vous pouvez nous mettre hors. »
 Ses enfants étaient déjà forts,
Ce qu'on donne aux méchants, toujours on le regrette
 Pour tirer d'eux ce qu'on leur prête
 Il faut que l'on en vienne aux coups;
 Il faut plaider; il faut combattre.
 Laissez-leur prendre un pied chez vous,
 Ils en auront bientôt pris quatre.

Imp. Pellerin & Cie à Epinal. (Déposé) P.V.